Anne-Céline Auché

Pièces parisiennes

Anne-Céline Auché

Pièces parisiennes

Le Chant d'un Coq, Les Fruits de la Passion, suivis de Paris... ou Tu ne l'emporteras pas au Paradis

Éditions Muse

Imprint

Cover image: www.ingimage.com

Publisher:
Éditions Muse
is a trademark of
Dodo Books Indian Ocean Ltd. and OmniScriptum S.R.L publishing group

120 High Road, East Finchley, London, N2 9ED, United Kingdom
Str. Armeneasca 28/1, office 1, Chisinau MD-2012, Republic of Moldova, Europe
Printed at: see last page
ISBN: 978-620-4-96471-3

Le Chant d'un Coq

De Anne-Céline Auché

Une terrasse de café ensoleillée. Un spectacle de rue : chanteur, jongleur, danseuse et/ou statue vivante, qui font ensuite la quête. Côté jardin, un homme attablé devant un verre, posé près d'un téléphone, cendrier, paquet de cigarettes. C'est l'été. L'endroit est désert hormis une cliente qui ne tarde pas à se lever et à partir.

LUI *(grandiloquent)*

Combien d'heures, combien de mois se sont écoulés ? Des lustres ! Il y a des milliers de lustres que j'attends. Et rien. Toujours rien. Un jour, ce maudit téléphone retentira et… ce sera peut-être trop tard. C'est toujours comme ça. C'est toujours au moment où on s'amuse le plus qu'il faut partir. Signe que ça n'est pas prêt d'arriver…
L'attente. Voilà bien une idée humaine que l'on devrait bannir de l'existence. À ajouter dans la liste des sept péchés capitaux. Comme le meurtre. C'est un crime.

Le serveur entre côté jardin, avant-scène et se poste devant la table.

LUI *(plongé dans sa réflexion)*

Toute personne ou tout acte susceptible de causer un préjudice – inadmissible ! – telle que l'attente, sera passible de peine d'emprisonnement, voire de torture, laquelle variera selon l'intensité de l'attente. Si la faute est provoquée par accident, si l'on peut prouver qu'elle est involontaire, la peine se limitera à un dédommagement en espèces ; si elle est préméditée, le degré de préméditation sera calculé en fonction de la nature de l'attente et la victime sera alors en mesure de choisir le moyen de torture qui lui conviendra parmi…

LE SERVEUR

Que désirez-vous, monsieur ?

LUI *(relevant la tête)*

Ai-je une tête à désirer quelque chose de particulier ?

LE SERVEUR

Je suis désolé mais je croyais avoir entendu parler d'attente…

LUI

Depuis quand les serveurs se mêlent-ils des conversations de leurs clients ?

LE SERVEUR *(insolent)*

Depuis que les conversations de certains d'entre eux s'apparentent étrangement à des monologues, monsieur.

LUI *(finissant son verre et le frappant contre la table)*

Eh bien, resservez-moi donc encore un verre de ce breuvage, mon bonhomme. Vous tombez, pour ainsi dire, à pic !

LE SERVEUR *(s'inclinant)*

C'est mon métier, monsieur.

Une joueuse d'orgue de barbarie entre, côté cour, fond scène, et s'installe. Le serveur sort, côté jardin, avant-scène.

LUI

Pourquoi faut-il que certaines personnes soient toujours là au moment où l'on réclame quelque chose qui ne dépend pas d'elles. Encore un "hasard" inscrit parmi les vices de l'attente.

À elles, il faudrait leur réserver un châtiment bien spécifique.

Ce téléphone ne sonnera pas. Et s'il sonnait, il y aurait à parier que ce soit justement l'autre qu'on évite depuis des années, celle avec laquelle on a été odieux et celle qui, malgré tout, s'inquiète encore de notre sort.

La charité de l'inconsistant.

Mais cela n'arrivera pas. J'ai pourvu à cet éventuel incident. Personne n'a mon numéro. *(Il avale la dernière goutte restée au fond de son verre.)* Personne. Pas même moi.

Le serveur revient et dépose un verre rempli, emporte le précédent.

LUI
Dites donc, c'est le combientième, celui-là ?

LE SERVEUR *(aussitôt)*
Le dixième, monsieur. Mais il n'est que 5 heures.

LUI
Pas même un chiffre porte-bonheur. Le dixième ne signifie rien. On a beau le triturer dans tous les sens, ajouter le 1 puis le 0, ce qui fait toujours 1, d'ailleurs... Ah si ! Il y a bien quelque part, dans l'un de ces jeux stupides, une formule : le dix de der, je crois. Qu'est-ce que c'est déjà ? Et l'As. Bien sûr ! Il y a surtout l'As !
Mais il aurait tout aussi bien pu me dire le septième, avec cette même voix innocente qu'ont les nigauds qui croient tout savoir. *(Relevant la tête)* Y a-t-il des choses que vous ne sachiez pas, mon brave ?

LE SERVEUR *(humble)*
Oh... Ce que l'on sait, ce que l'on ne sait pas... Tout dépend à qui on a affaire !

LUI
Eh bien, allez-y, mon vieux ! Vous avez affaire à moi !

LE SERVEUR *(ironique)*
Je ne sais pas combien de verres je vous servirai aujourd'hui, monsieur. Remarquez, je ne m'en plains pas, ça fait partie des aléas du métier. Il faut savoir s'adapter.

LUI
N'ai-je pas l'habitude de prendre toujours le même nombre de verres ? N'avez-vous pas remarqué qu'à partir d'un certain chiffre, toujours le même, je cesse de

consommer ?

LE SERVEUR

Justement non, monsieur. Je dois vous l'avouer, vous n'êtes pas un client ordinaire. Oh, croyez bien que j'ai essayé ! En statistiques, j'ai quelques connaissances. Mais vous, vous vous arrêtez toujours brusquement quand on s'y attend le moins. Par exemple, quand, la veille, vous avez dépassé la dose précédente, on pourrait croire que vous allez réduire le jour suivant, eh bien, pas du tout : vous augmentez encore, au contraire, ou bien vous vous acharnez à rester stable plusieurs journées durant et puis, subitement, vous passez à un record insignifiant.

LUI

Tiens, c'est surprenant, en effet ! Et, à quoi attribuez-vous cette instabilité, vous qui êtes si… perspicace ?

LE SERVEUR

C'est un phénomène que je ne m'explique pas, monsieur. Si vous permettez…

Il se penche pour vider le cendrier dans lequel un mégot est écrasé et dans le mouvement, déplace légèrement le téléphone.

LUI

Ah ! Mais faites donc attention ! Je vous ai dit de ne pas toucher à ce téléphone ! Il suffit que, malencontreusement, vous décrochiez le combiné une seconde pour que l'on croit, au même instant, que je suis occupé et que l'on se décourage de rappeler.

LE SERVEUR *(respectueusement vexé)*

Vous devriez vous abonner au "double appel".

LUI

Quel "double appel" ?

LE SERVEUR

Le service qui permet d'appeler sur une ligne occupée. *(Plus enthousiaste)* C'est une invention révolutionnaire. Les gens ne se découragent plus. Le téléphone sonne, quand bien même la personne est déjà en ligne et…

LUI

Allez, mon vieux, c'est bon. Je ne suis pas un standard. Encore un système diabolique pour faire attendre ses propres amis.

LE SERVEUR

Bien au contraire ! Moi, j'y suis abonné et c'est formidable parce que…

LUI *(le coupant)*

…Vous n'avez même plus la possibilité de décrocher votre téléphone pour être en paix ! Tout le monde peut avoir accès à votre ligne. On entre comme dans un moulin, dans votre vie privée !

Tout bêtement, il suffit que vous soyez en conversation avec votre femme pour que votre maîtresse appelle. Vous demandez à votre femme de patienter, le temps, "deux minutes", d'intercepter l'autre ligne. Ensuite, vous demandez à votre maîtresse de ne pas quitter, le temps, "deux minutes", d'expédier l'autre appel et, après avoir passablement offensé l'une et l'autre parce que personne n'est jamais disposé à lâcher comme cela le morceau, dans un moment où la concurrence est si serrée, vous raccrochez au nez de votre femme et votre maîtresse, elle, a déjà laissé tomber, vexée.

Gardez vos idées lumineuses pour vous.

LE SERVEUR *(timidement)*

De toutes façons… En ce qui vous concerne…

La joueuse d'orgue de barbarie qui n'a pas encore émis une seule note, passe avec son chapeau.

LUI

Ah, ravissante fleur qui pousse au coin des rues ! *(Sérieux)* Savez-vous imiter la sonnerie du téléphone avec votre instrument ?

LA JOUEUSE D'ORGUE DE BARBARIE *(souriante)*

Je ne crois pas avoir jamais essayé, monsieur. Le téléphone n'existait pas à mon époque.

LUI

Vous êtes donc si vieille ? *(Il la regarde de plus près)* On ne dirait pas.

LA JOUEUSE D'ORGUE DE BARBARIE

C'est de l'âme, monsieur, dont je parle. L'âme est parfois plus ancienne que le corps.

LUI *(la toisant de haut en bas)*

Est-elle aussi charmante que le reste ? *(Se raclant la gorge)* Et, à quoi devine-t-on l'âge d'une âme ?

LA JOUEUSE D'ORGUE DE BARBARIE

À sa fluidité.

LUI

Votre langage, mademoiselle, est un peu…

LA JOUEUSE D'ORGUE DE BARBARIE *(doucement)*

Un tantinet désuet, je sais. Déformation professionnelle.

LUI

Ce n'est pas ce que je voulais dire. Fluidité, disiez-vous ? Par rapport à quoi?

LA JOUEUSE D'ORGUE DE BARBARIE

Certaines âmes s'accrochent à tout ce qu'elles rencontrent. D'autres se contentent de glisser, de frôler ce qu'elles croisent sur leur chemin.

LUI

Si c'est de l'indifférence dont vous parlez, je ne pense pas que ce trait de caractère soit un vrai grand signe de maturité.

LA JOUEUSE D'ORGUE DE BARBARIE *(riant)*

Vous êtes une bien jeune âme, monsieur. *(Présentant son chapeau)* Je vous tire mon chapeau.

LUI *(fouillant dans ses poches)*

En tous cas, votre méthode a fait ses preuves, on dirait.

Il se lève péniblement, glisse une pièce dans le chapeau et se rassoit. Elle retire la pièce, la regarde, la soupèse et tendrement, la lui rend.

LA JOUEUSE D'ORGUE DE BARBARIE

Merci infiniment, monsieur.

LUI

Sapristi, ce n'est pas assez !

LA JOUEUSE D'ORGUE DE BARBARIE *(doucement)*

C'est un don honorable mais… *(Dans un chuchotement)* Je n'en ai pas besoin. *(Légère)* Buvez un verre à ma santé. Ça suffira.

LUI

C'est bien la peine de faire tout cet exercice !

Elle rejoint son orgue, fond scène. Bruits discordants. On dirait qu'elle cherche la sonnerie du téléphone.

LUI

(concentré sur la pièce qu'il tient entre ses mains tandis que le serveur apparaît)

Tenez.

Le serveur se saisit de la pièce et l'examine.

LE SERVEUR

Qu'elle est belle ! Une trouvaille !

LUI *(décontenancé, prêt à lui arracher la pièce des mains)*

Quelle trouvaille ?

LE SERVEUR *(même jeu)*

Où l'avez-vous dénichée ?

LUI *(bougon)*

Dans ma poche, pardi ! …

Le serveur astique la pièce, l'observe à la lumière.

LE SERVEUR

Magnifique !

LUI *(hors de lui)*

Vous vous foutez de moi, ou quoi ?

LE SERVEUR

Ah ! Question pernicieuse ! Jusqu'où va la sincérité ? Quelles sont ses limites ? On ne sait jamais trop, en fait. *(La mettant dans sa poche)* Désirez- vous autre chose ?

LUI *(agacé)*

Auriez-vous la manie de me pousser systématiquement à la consommation ? Ai-je fini mon verre ?

LE SERVEUR

Presque. *(Comme à un enfant)* Il ne reste plus qu'une toute petite gorgée.

LUI

Oui, mais cette gorgée, je ne l'ai pas encore avalée que je sache ! Allez faire un tour, vous serez bien aimable. Et si j'ai besoin de vous, je vous sonnerai.

LE SERVEUR *(soudain sincère)*

C'est que… à vrai dire, il n'y a pas grand monde, monsieur et… je m'ennuie un peu, tout bonnement. Seul, derrière ce comptoir.

LUI

Il y a un téléphone derrière le comptoir ?

LE SERVEUR *(spontané)*

Bien sûr. Si vous voulez… *(Il se reprend et, sur un ton de confidence)* Rassurez-vous, personne n'appelle, là-bas, non plus.

LUI *(soudain généreux)*

Bah ! Ne vous en faites pas. Quelqu'un finira par appeler. Patience et longueur de temps…

LE SERVEUR *(l'interrompant)*

C'est ce que je me dis aussi.

Il sort.

LUI

Pauvre petit gars. Je n'aimerais pas être à sa place. *(Il avale la dernière gorgée.)* Hé ! Hé ! Garçon !

LE SERVEUR *(aussitôt, r a v i)*

Oui ?

LUI

Vous m'en resservez un autre ?

LE SERVEUR *(empressé)*

Tout de suite, monsieur.

La joueuse d'orgue de barbarie a cessé.

LUI

Moment fatidique. L'attente poussée à son paroxysme : c'est le verre maintenant qui se fait désirer. On se croit à l'abri de bien des tracasseries et ce sont les premières qui vous trahissent. Rituellement. Laissez les petites choses en suspens et elles se vengent à la première occasion.

Moins on leur accorde d'importance, plus elles en prennent. Il leur faut le temps mais tôt ou tard, elles se rebellent, se rebiffent, empoisonnent la vie de quiconque les a négligées. Les grands actes, au moins, sont à la mesure de leur réputation. Pas de mesquinerie, pas de bassesse. Juste une mortelle déception, un poignard-assassin, la terre qui s'écroule, le temps qui se fige, comme on dit… Mais les petites choses… Ça pique, ça mord, ça asticote, toujours avec une telle hargne, une telle ténacité ! Elles sont plus redoutables que tous les grands désastres réunis. *(Irrité, penchant la tête vers l'intérieur du bar)* Alors ! Ça vient ce verre !

Le serveur accourt, la mine réjouie.

LUI

Vous en mettez un temps !

LE SERVEUR *(tout excité)*

Alors ?

LUI *(de mauvaise humeur)*

Eh bien quoi “alors” ?

LE SERVEUR

Quel effet ?

LUI

L’effet d’être pris pour un con.

LE SERVEUR *(surpris)*

Bizarre. Vous n’êtes pas transporté de bonheur à la vue de cette liqueur ?

LUI *(perplexe)*

Je devrais ?

LE SERVEUR *(niaisement)*

Moi, quand vous m’avez appelé, tout à l’heure, j’étais ivre de joie !

LUI *(avalant plusieurs rasades)*

Ah oui ?

LE SERVEUR *(lyrique)*

Le fait d’avoir tourné en rond, comme ça, derrière le bar, d’avoir cherché vainement à m’occuper : relaver un verre, prendre tout mon temps pour l’essuyer. Et soudain… votre voix, enfin, qui me hélait ! … C’était… Mon Dieu, comment dire ?

LUI *(suspicieux)*

Vous n’en avez pas profité pour vous en jeter un petit, par hasard ?

LE SERVEUR

J'ai été tenté, je l'avoue. Mais j'ai résisté. On commence comme ça, vous savez et… *(Se reprenant)* C'est vrai que vous n'êtes vraiment pas comme tout le monde, vous.

LUI

Et maintenant ?

LE SERVEUR *(tirant la pièce de sa poche)*

Tenez. *(La reposant sur la table)* Elle est à vous.

Il sort. La joueuse d'orgue de barbarie reprend sa recherche.

LUI

(examinant encore la pièce et se tournant brusquement vers elle)

Ce n'est pas bientôt fini tout ce ramdam !

LA JOUEUSE D'ORGUE DE BARBARIE *(s'arrêtant, de loin)*

Vous préférez les chansons ?

Elle joue.

LE SERVEUR *(arrivant vivement)*

Mais c'est "Cendrillon", de Téléphone ! *(Il bat frénétiquement la mesure)* Les vieux souvenirs, les premières danses ! Et la "Bombe humaine", vous la connaissez ? *(Il chantonne l'air.)* Elle est géniale, celle-là.

La joueuse d'orgue sourit, silencieuse.

LUI *(exaspéré, de loin)*

UN AUTRE, S'IL VOUS PLAIT !!!

LE SERVEUR *(se reprenant)*

Tout de suite !

LUI *(se tournant vers elle)*
C'est ce que vous appelez une "vieille âme", cette musique de sagouins ?

Il reprend la pièce, en sort une autre de sa poche et les lui tend, de loin.

LUI

Deux pour le prix d'une si vous arrêtez.

Elle s'arrête. Le serveur apporte un verre et sort.

LUI *(essayant encore de se lever péniblement. À elle)*

Ça suffit maintenant. Vous allez les prendre ces pièces ou j'appelle les flics !

Elle trie ses cartons et lui fait signe de les mettre dans son chapeau, lequel est posé à terre, devant l'orgue. Il parvient enfin à se lever, se traîne jusqu'au chapeau et revient à sa table.

LUI

On dit que les gens ne s'achètent plus. Puff... Ils ont simplement augmenté leur tarif.

Le serveur revient, une bouteille à la main et deux verres.

LE SERVEUR *(désignant la seconde chaise)*

Je peux ?

Il s'assoit, sert deux verres.

LE SERVEUR

Et ça, ça vous rassure ?

LUI *(détaché)*

Pardon ?

LE SERVEUR *(montrant les deux verres remplis)*

Savoir que les deux autres sont déjà là, ça vous rassure ?

LUI *(soupirant profondément)*

Est-ce que la nuit ne s'est pas soudain cassée la gueule sur votre crâne ?

LE SERVEUR *(regardant alentour)*

Ben oui. Vous avec raison, elle nous est tombée dessus, semble-t-il.

La joueuse d'orgue de barbarie classe toujours ses cartons minutieusement et les empile méthodiquement dans son sac.

LUI

J'ai froid.

LE SERVEUR

(après avoir avalé l'un des verres et le remplissant aussitôt)

Tant pis. Je m'ennuyais trop.

LUI

Vous n'auriez pas un pull, je ne sais pas, un truc à me prêter. Ça s'est rafraîchi subitement…

LE SERVEUR

Un petit écart, de temps en temps, ce n'est pas la mort quand même…

LUI *(frissonnant)*

Vous avez bien une veste de rechange, dans un coin ?

LE SERVEUR *(ragaillardi)*

Ah, ça réchauffe, pas vrai ?

Il constate que Lui grelotte, sort, revient avec une couverture.

LE SERVEUR

Ça ira ?

LUI *(s'emmitouflant dans la couverture, doucement)*

Chantez-moi une berceuse, mademoiselle.

La joueuse d'orgue de barbarie joue une marche funèbre.

LE SERVEUR *(se rasseyant et désignant le téléphone)*

Il marche au moins ?

Lui, répond par une moue d'ignorance.

LE SERVEUR

Vous ne l'avez jamais essayé ?

Lui, fait non de la tête.

LE SERVEUR *(la main tendue vers le combiné)*

Eh bien, on va en avoir le cœur net.

LUI *(sursautant et frappant la main du serveur)*

Pas touche ! J'ai dit !

LE SERVEUR *(se relevant)*

Moi, vous voyez, ça ne m'amuse pas du tout de vous servir à l'avance. En fait, le temps est deux fois plus long. En une minute, j'ai rempli les verres et je mesure l'étendue de mon attente à la quantité de liqueur versée. Et je me dis que si je vous remplissais quinze verres, d'un coup, la dose équivaudrait aux heures que je viens de passer avec vous, cet après-midi et…

LUI *(voix ensommeillée)*

Et le seizième serait pour vous.

LE SERVEUR

Vous n'y êtes pas. *(Il reprend)* Et toute cette masse de temps, matériellement accumulée devant moi, sans que je puisse me mentir. Tel un sablier visqueux, qui décompte les secondes, goutte à goutte, comme pour afficher au grand jour toutes les heures qu'il faudra encore que je supporte jusqu'à ce que vous ayez avalé le dernier… J'en pleurerais.

La joueuse d'orgue de barbarie a rassemblé ses affaires. Elle s'agenouille près de l'orgue, côté jardin et prie, un crucifix entre les mains. Signe de la croix. Elle ramasse les deux pièces dans son chapeau, s'approche de la table, en dépose une devant l'homme, l'autre devant le serveur.

LA JOUEUSE D'ORGUE DE BARBARIE *(mystique)*

Avant le chant du coq, trois fois, le téléphone aura retenti.

Elle met son chapeau et s'éloigne avec son orgue, fond scène cour. Le serveur la regarde partir.

LUI *(doucement)*

Être servi avant ou après, cela revient au même. Dans l'histoire, il y en a toujours un qui est lésé.

LE SERVEUR

Allez, encore une larme ?

LUI *(grelottant)*

J'ai des frissons.

LE SERVEUR *(enjoué)*

C'est le moment. *(La bouteille dans les mains)* Ça va vous requinquer, vous verrez.

LUI *(murmurant)*

Je ne tiendrai jamais jusqu'au chant du coq.

LE SERVEUR

On trinque à deux, cette fois. La goutte suprême ! Celle de l'amitié !

LUI

Goûtera bien qui goûtera le dernier.

LE SERVEUR *(de plus en plus familier)*

Allez, je vous sers le premier et j'enchaîne aussitôt après, d'accord ?

Il s'exécute. Un temps. Lui a fermé les yeux.

LE SERVEUR *(insistant)*

Ah non, hein ! Celui-là, vous n'avez pas le droit de me le refuser ! *(Il le pousse du coude)* Allez, je vous dis, c'est le dernier, celui de l'amitié ! Vous n'allez pas me laisser tout seul maintenant quand même !

(Se rapprochant de lui) Hé, monsieur ! Monsieur ! *(Il lui administre quelques petites claques)* Pas de plaisanterie, hein ? *(Il effleure le téléphone)*

Monsieur ! Ça va pas ? *(Il se lève, le secoue)* Vous vous sentez mal ? Monsieur ! Répondez !

Il se précipite dans le bar. Sur scène, le téléphone sonne trois coups.

Fin (Paris, 1992)

LES FRUITS DE LA PASSION

De Anne-Céline Auché

PERSONNAGES

LE NARRATEUR

LA MERE

MARIE

BERNARD

LE FRERE

TABLEAU I

Un salon. Une table à repasser, quelques vêtements. Fond scène, une chaîne-stéréo, un divan et une petite table basse sur laquelle sont posées une trousse de toilette et une jatte de fruits remplie de pommes. Avant-scène extrémité, un téléphone et un blouson accroché sur une chaise.
Le narrateur entre, jardin.

LE NARRATEUR *(grandiloquent, un texte à la main)*

“Dans le premier acte, celui auquel personne n'assiste jamais, celui qui n'est constitué que de non-dits, de pâles vexations et d'aberrations intrinsèques, le fils emmagasine une série d'informations qui manquaient jusqu'ici à son entendement.

Il comprend soudain la tournure qu'ont pris les événements depuis quelques années et, loin de se formaliser, décide de rompre avec les personnes les plus proches de son entourage pour se préserver. Cette lourde décision s'accompagne d'un profond ressentiment à l'égard de sa mère qui, à force de lui claquer insidieusement la porte au nez, a fini par lui effleurer le visage… Il refuse d'attendre la gifle qui se prépare et s'éloigne, le cœur gonflé et l'âme égratignée."

(Désignant son papier) Je n'invente rien ! ***(Poursuivant)*** "Il lutte contre les souvenirs, lutte contre le rire coloré de sa sœur, contre son sourire doux et lumineux et… Voilà. La petite vie provinciale n'a pas bronché. Personne ne s'est aperçu de rien et pourtant, pourtant tout est décidé. Pas un mot n'a troublé l'apparente sérénité qui régnait, ces derniers jours encore, dans ce foyer disloqué. La mère l'a embrassé comme à son habitude, avec cette même insistance dans le regard qui signifiait : "Bah, la prochaine fois, tout ira mieux." Mais sans en dire mot car…" ***(D'une traite, caricatural)*** "…dire, c'est reconnaître et reconnaître, c'est une hérésie dans une famille qui a pour principe de ne jamais rien expliquer, de ne rien bousculer, de ne rien arranger non plus, et de faire seulement confiance au temps, comme à l'apparition d'un nuage qui ne crèvera jamais et qui cependant flotte comme dans un ciel limpide sur une terre asséchée !

Le temps, le temps s'écoule indéfiniment et ne panse pas les plaies ; celles-ci se rouvrent à chaque défaillance et toujours avec plus de sang. Il en est ainsi de toute chose mal soignée." ***(Se reprenant)*** "La scène se déroule donc ici, à ce point de l'histoire, quand la jeune Marie, sa sœur, et sa mère sont occupées à repasser. Une tâche bien utile en vérité, songe la mère qui, de toutes les occupations terrestres, ne trouve son plaisir que dans les actes quotidiens.

Marie obéit docilement et refuse d'entraver le logique déroulement de l'action car elle ne saurait que proposer en échange. Son frère qui, d'un regard, l'a troublée quelques jours auparavant, lui a laissé l'empreinte d'un éventuel avenir mais elle n'ose y penser en présence de sa mère, terrestre parmi les plus terrestres, sure de ses positions et pourtant si malheureuse parfois de ne pas avoir accès aux sphères nébuleuses de son fils." ***(Il sort un autre papier de sa poche, toussote et lit)*** "Il est des gens qui, sans savoir au juste pourquoi, souffrent de leur condition mais n'oseront jamais, ô grand jamais, se rebeller et modifier leurs convictions sous peine d'être déstabilisés et de ne plus jamais pouvoir goûter à une certaine quiétude, celle qu'ils convoitent en secret, mais qu'ils abordent pourtant du mauvais côté." ***(Il se retourne vers les coulisses, s'adresse doucement à quelqu'un)*** Ça va, là ?

Pendant qu'il lit ce dernier passage, Marie, sylphide jeune fille, entre avec sa mère côté cour. Marie s'assoit sur le canapé ; la mère prend place derrière la table à repasser.

LE NARRATEUR

"La mère, concentrée sur son travail, chasse quant à elle, et du mieux qu'elle le peut, les réflexions acerbes de son jeune fils, et se complait dans les remarques si sensées de son futur époux, lequel n'a eu de cesse de critiquer avec quelle insolence le fils s'en prend à elle."

Il sort.

LA MERE

As-tu été chercher le reste du linge dans le hangar ?

MARIE

Dans le hangar ? Mais non, il est étendu dehors, sur la terrasse.

LA MERE

Sur la terrasse ! Il est sur la terrasse ! Combien de fois faut-il te répéter qu'à cette époque, on ne fait rien sécher sur la terrasse, surtout pas du blanc ! Avec le soleil, il jaunit !

MARIE

Mais ce n'est pas moi qui l'ai mis !

LA MERE

Ah. Ce doit être ton frère, bien sûr… Eh bien, va le chercher, il doit être sec maintenant. Et tout jaune.

Le narrateur réapparaît, avant-scène.

LE NARRATEUR

Marie sort de la pièce. La mère, absorbée dans ses pensées, repasse et plie une chemise. C'est celle de son fils. Entre un homme, à mi-chemin entre la vulgarité et la grossièreté virile : Bernard !

BERNARD

Encore à repasser ! Mais tu ne t'arrêtes jamais, ma parole !

Il la prend par la taille et lui glisse un baiser dans le cou.

BERNARD *(murmurant)*

Laisse donc, Marie va s'en occuper. Elle n'a que ça à faire.

LA MERE

Elle m'aide aussi. Elle est partie ramasser le reste du linge.

Marie entre, les bras chargés de linge. Elle dépose le tout sur le divan.

BERNARD

Marie, que dirais-tu si j'emmenais ta mère, là, maintenant, pour un dîner en amoureux ?

LA MERE

Elle dirait que j'ai encore du travail sur la planche et que je ne peux pas tout laisser comme cela.

BERNARD

Non, elle dirait : "Mais bien sûr, Bernard, emmène Maman qui est si fatiguée, je m'occupe de tout."

MARIE

Elle dirait : faites ce que bon vous semble et fichez-moi la paix. Je suis assez grande pour m'exprimer.

Bernard lance des regards furieux à Marie. La mère, qui sent une nouvelle tension, entoure Bernard de ses bras.

LA MERE

Marie m'a parlé, tout à l'heure. Elle sort, ce soir. Pendant qu'elle se prépare, je termine vite et nous y allons, d'accord ?

BERNARD

Tu ne termines rien du tout. Marie me fera le plaisir de repasser elle-même ses chemises et ses robes. Dans les autres familles, que je sache, les enfants s'occupent de leurs affaires !

La mère laisse tout en plan. Ils sortent, jardin, fond scène. Avant de sortir, Bernard jette un regard entendu à Marie.

BERNARD

Hein, Marie ?

Marie ne répond pas. Elle est assise sur le divan, le linge empilé à côté d'elle. Elle se lève pour mettre un disque (piano), revient vers le canapé, esquisse quelques pas de danse, pose le tas de linge par terre, tire un drap de la pile, le déplie et recouvre le divan. Puis elle prend la petite trousse de toilette posée sur la table basse, se maquille, arrange les plis du divan comme si elle s'apprêtait à quitter la maison.

Le téléphone sonne.

MARIE

Allo ? … C'est toi ? … Non, il n'y a personne, ils sont partis… Oui, je te dis, tu peux parler… Justement, on était en train de les repasser… Je ne sais pas. ***(Elle regarde du côté de la table à repasser)*** Deux ou trois…D'ailleurs, à ce propos, tu as encore oublié d'étendre le linge… Te les envoyer ? Pourquoi ? … Je ne sais pas. Je ne suis pas allée dans ta chambre depuis que… Dans la bibliothèque ? D'accord. Oui… Mais non, je ne dirai rien. Pourquoi veux-tu que je cafte ? … Mais tu peux me dire, à moi… Mais… Si on me demande… Non, non, je ne dirai rien…Quand reviens-tu ? … Oui, moi aussi, je t'embrasse très fort… Ce n'est pas grave, au moins ? Tu as des problèmes ? … Je te promets, je t'envoie tout ça. Ça ne partira que demain, tu sais… Oui, moi aussi. Mais qu'est-ce qu'il y a ? Tu me fais peur, à la fin! … Oui, Bernard est avec elle… Avec moi ? Bof, tu sais comment il est… Et puis, Maman est heureuse pour une fois… D'accord, je t'embrasse… Tu me diras ?

Elle raccroche. Le piano est plus fort. Elle sort.

NOIR

TABLEAU II

La nuit, Bernard et la mère entrent. Ils rient ; ils ont un peu bu. Bernard s'affale sur le canapé.

BERNARD

Ma douce, ma tendre, mon petit bout…

Il tend les bras vers la mère qui, moins gaie, se contente de ramasser le paquet de linge qui traîne à terre.

BERNARD

Mais qu'est-ce que tu fais, encore, avec ce linge dans les bras ! Tes enfants ont raison. C'est une manie ! Ta tête est bourrée de torchons ou quoi ?

LA MERE

Je t'interdis.

BERNARD

Oh, mais c'est pour rire…

LA MERE

Et mon fils, quand tu l'attaques, c'est pour rire ? Tu lui reproches ses réflexions et tu me les répètes quand nous sommes seuls !

BERNARD

Oh, eh ! Ça va, hein ! Je ne suis pas ton fils. Il y a des choses que moi, je peux me permettre mais qu'aucun fils de la terre n'est autorisé à dire à sa mère. Et si tu oses me comparer…

LA MERE *(plus calme)*

Je ne compare rien du tout.

BERNARD

Si, si ! Je t'ai bien entendue. ***(Pause)*** Enfin, comment veux-tu qu'il en soit autrement… ***(Mielleux)*** Tu étais seule. Tu as fait tout ce que tu as pu…

LA MERE *(pensive)*

Je ne comprends pas pourquoi il a tant cherché à me dévaloriser à tes yeux. Je ne lui pardonne pas.

BERNARD

Et tu as raison ! Pour qui se prend-il, ce petit morveux ! Je te jure que ç'aurait été le mien, il se la serait bouclé en moins de deux. Quant à Marie, avoue que son éducation laisse aussi un peu à désirer. Regarde dans quel état elle a laissé le salon !

LA MERE

Tu sais, je ne l'ai pas reconnu. Peut-être était-ce parce que tu étais là…

BERNARD

Oui, c'est ça. Parce que j'étais là. Et puis quoi encore ! La vérité, c'est que tu es tellement habituée que tu ne te rends même plus compte de la façon dont il te traite. Et je ne t'en blâme pas. Ce n'est pas de ta faute, bien sûr. Mais enfin, j'ai été un fils, moi aussi, et je peux t'assurer que je n'ai jamais parlé ainsi à ma mère. Moi, au moins, je la respectais ! ***(Pause)*** Il te reproche tout ! Tes moindres faits et gestes ! Tout ce que tu décides !

LA MERE

Tu exagères.

BERNARD

Non, je n'exagère pas. Et tu sais que je n'exagère pas. Quand ton fils t'a-t-il écoutée, dis-le-moi ? Quand ? C'est simple, il n'en a toujours fait qu'à sa tête. Est-ce que j'ai tort ?

Marie est sur le pas de la porte.

MARIE

Je vous dérange ?

BERNARD

Pas du tout. En revanche, cela nous arrangerait si tu mettais un peu d'ordre dans ce salon.

Silence. Marie s'assoit.

BERNARD

Tu sais, Marie, tu as bien de la chance d'avoir une maman si conciliante. Ne l'oublie jamais ; ta mère est quelqu'un d'infiniment sensible ; elle est trop gentille. ***(Pause)*** Il y en a beaucoup qui seraient heureux d'avoir une mère pareille. On dirait que vous ne vous en rendez pas compte.

MARIE

Est-ce que tu crois que si nous ne nous en rendions pas compte, je serais là ?

BERNARD

Toi, non, je crois que tu réalises mieux que ton frère à quel point ta mère s'est dévouée pour vous. Peut-être, tout simplement, parce que tu es une femme…

LA MERE

Bon, on est tous fatigués. Allons plutôt dormir, ça vaudra mieux. On reprendra demain.

BERNARD

Si tu permets, j'ai encore deux mots à dire à ta fille.

MARIE

S'il te plaît, maman, je te demande la permission d'aller me coucher.

BERNARD

Pas si vite, Marie ! Écoute-moi une seconde. ***(Il lui attrape violemment l'avant-bras)*** Tu sais que j'aime ta mère. Tu le sais ?

Marie essaie de se dégager et implore sa mère du regard.

BERNARD

Est-ce que tu sais aussi combien il a été difficile de vous élever, tous les deux, toi et ton frère, seule ; de s'occuper de votre éducation et de se consacrer à vos petits problèmes ? Tu crois que c'est facile à vivre, ça ? Je ne te le souhaite jamais, Marie, parce que si cela t'arrivait un jour, tu réaliserais enfin combien cette expérience a pu être dure et pénible : vous assumer, démunie, abusée par un… ***(Silence)*** Et quand tu vois que ton frère, ce petit impertinent qui croit que tout lui est dû, se conduit de cette façon ! ***(Menaçant)*** Je ne tolérerai jamais qu'un avorton se dresse contre notre bonheur. Tu entends ! Jamais !

Silence.

BERNARD

Bien. C'est tout ce que je voulais te dire. Assez pour ce soir…

Silence.

BERNARD

La passion n'a pas de limite, Marie, elle est même parfois déraisonnable.

MARIE *(sarcastique)*

Quel homme exemplaire tu fais.

Bernard, trop occupé à poursuivre son monologue intérieur, n'entend pas. Il se lève et pose ses mains sur les épaules de la mère.

BERNARD

Allons nous coucher. ***(A Marie)*** Je te charge de faire la commission !

Marie les regarde partir. Elle ramasse le drap et le replie. La mère réapparaît.

LA MERE

Marie, je t'en prie, va te coucher. Tu sais, il n'est pas si terrible. Il me défend, c'est tout naturel. Mais toi, tu as l'air si étrange… Tu ne t'es pas amusée à ta soirée ? D'habitude, tu reviens toujours en riant. Qu'est-ce qui se passe ? C'est avec Pierre ?

Silence.

LA MERE

Alors, toi aussi tu te dresses contre moi ! Comme ton frère ! Eh bien, restez donc tous les deux unis contre votre mère ! Bernard a raison. J'ai deux enfants qui ne méritent pas l'attention que je leur porte. Vous n'êtes que des ingrats et vous avez de qui tenir !

Bernard crie quelque chose. La mère sort. Marie reste de glace. Elle retire quelques affaires personnelles du paquet de linge, posé maintenant sur le divan, et sort. Elle revient avec un sac de voyage et quelques bouquins. Elle fourre tout dans le sac, prend la petite trousse de toilette et enfile le blouson accroché à la chaise. Habillée, le sac en bandoulière, elle hésite, regarde le salon et vide le contenu de la jatte dans son sac. Elle sort, côté jardin.

Le narrateur revient sur scène, cour.

LE NARRATEUR

A qui la faute ? Pas à cette pauvre mère, ni à cet homme. Il suffit parfois que les gens s'éloignent... Mais si je suis celui qui énonce une morale à l'histoire, si je suis chargé de vous expliquer la suite, comme je l'ai fait pour ce qui précédait, je dois vous avouer que je l'ignore. ***(Pause)*** Il y a des tranches de vie qui, prises sur le vif, sont tout bonnement dramatiques pour certains. Même s'il n'y a pas de quoi fouetter un chat ! ***(Se reprenant)*** Par la suite, on oublie souvent, tant bien que mal. La fuite n'est pas une solution. Peut-être est-ce seulement le moyen de faire le point. ***(Pause)*** Scène de la vie courante : rien de brillant ni de mémorable. Il serait inutile de poursuivre dans cette voie. Tant pis. Fallait-il se priver d'un portrait ?

Silence.

Le narrateur ne se décide pas à quitter la scène.

LE NARRATEUR

Bah, chacun sa merde, après tout… Et qu'on ne voit là qu'un pur étalage impudique de révolte. Rien de plus. Et puis… les raisins sont trop verts et bons pour les goujats!

Il sort.

NOIR.

TABLEAU III

Une table, deux chaises et le sac de Marie, ouvert au milieu de la pièce.

LE FRERE

Les raisins sont trop verts et bons pour les goujats ! Il en a de bonnes, celui-là ! Primo, ils ne sont pas verts mais trop mûrs, au contraire ; deuxio, les goujats, parlons-en ! Je récupère ma sœur, en pleine nuit, en larmes, devant ma porte. Et ce type… Ce type est une ordure que je vais pulvériser, broyer, découper en petits morceaux. Ce type qu'elle suit aveuglément. Ce type qu'elle écoute quand, au lieu de parler… il bave ! Je suis le personnage révolté de cette farce. Je suis même ce que l'on peut appeler l'incarnation de la révolte. Tout me déplaît. Tout ! Pas seulement ce qui se passe dans ma famille, dans ma vie personnelle aussi ! Je suis seul. Seul comme l'est un hérétique, un rebelle, un empoisonneur. Tout ! Y compris le sens dans lequel tourne la terre me révolte. Je hais cette impuissance qui nous caractérise, ces leurres partout, ces règles absurdes, erronées, établies en dépit du bon sens, cette soumission quasi-universelle du monde par le monde dans le monde.

Seule Marie détient le pouvoir de m'apaiser. Seuls ses yeux de petite fille égarée me touchent encore. Je ne supporte ni l'air que je respire, ni le sang qui coule nerveusement dans mes veines, ni ces regards, ni ces jugements… Je brûle de casser toutes ces choses admises, ces convenances, cet ordre qui camoufle maladroitement le désordre qui règne. Je hais…

LE NARRATEUR

NO FUTURE !

LE FRERE

Je hais…

LE NARRATEUR

Bon, ben, ça suffit maintenant ! Il y en a d'autres à qui c'est déjà arrivé. Ils n'ont enquiquiné personne : ils ont salué tout le monde bien bas, et on n'en a plus entendu parler… Au lieu de nous casser les pieds.

LE FRERE

Si seulement j'avais le courage de…

LE NARRATEUR

Ah ! C'est facile de tout critiquer. C'est facile de se révolter et d'empêcher les voisins de dormir, mais aller au bout de son raisonnement, c'est plus compliqué ! Parle un peu plus bas, tu seras gentil.

Marie entre, à peine éveillée. Elle embrasse son frère.

MARIE

Tu as bien dormi ?

LE FRERE

Pardon ?

MARIE

Je te demande si tu as bien dormi.

LE FRERE

Il n'y a qu'elle pour me poser une question pareille.

Marie prend une pomme dans le sac. Elle la tend à son frère.

LE FRERE

Et pour me tenter avec la pomme, aussi. Il n'y a qu'elle.

MARIE

J'ai donné ton numéro à Pierre. Il va peut-être appeler.

LE FRERE

Bravo. Et Bernard, tu lui as dit aussi où il pouvait te joindre ?

Marie croque dans la pomme.

LE FRERE

Ils savent forcément où tu es.

MARIE *(la bouche pleine)*

Ils s'en doutent.

LE FRERE

Ça n'a pas l'air de trop t'inquiéter.

MARIE

Nous sommes majeurs.

LE FRERE

Tu as réponse à tout, ce matin.

MARIE

Et toi, tu as oublié d'avaler un café.

LE FRERE

Parfois, je me demande en quoi tu es faite.

LE NARRATEUR

En sucre Candy.

LE FRERE

Toi, on t'a assez vu. Allez, ouste !

LE NARRATEUR

La mère de ce petit a raison. C'est un ingrat. Mais bon. Moi, je l'aime bien.

MARIE

Tu veux jouer mon rôle, ça te fera plus de texte.

LE NARRATEUR

Personne ne s'occupe de mes motivations. Qu'est-ce que vous croyez, à la fin ! Pourquoi j'accepte de faire ce sale boulot ? Je n'ai même pas de personnage ! ***(Pause)*** J'adore être sur scène, c'est vrai. Je ne m'en cache pas !

MARIE

T'inquiète, ça se voit.

LE FRERE

Tu ne vas tout de même pas nous faire le coup de l'acteur ! On te voit arriver avec tes gros sabots. C'est du déjà vu, mon vieux.

LE NARRATEUR

Et le mec écorché, qui souffre et qui n'en finit plus de souffrir, tu crois que ce n'est pas du déjà vu, ça ? Ton discours est stérile. Moi, au moins, je crée.

MARIE

Et dire que je suis venue ici pour avoir la paix.

LE FRERE

Chez moi, la paix, tu n'es pas prête de la trouver.

Le Narrateur sort.

MARIE *(off)*

Il est où le café?

LE FRERE

Je ne sais pas. Cherche.

Silence. Le frère la rejoint.

LE FRERE *(off)*

Mais tu es bigleuse ou quoi ! Il est en face de ton nez !

Le narrateur réapparaît, sur la pointe des pieds.

LE NARRATEUR

Ce qu'il faut vous dire, c'est que cette petite est maligne. Elle sait s'y prendre avec lui. A ce propos, j'en ai une belle à vous raconter…

LE FRERE (de retour)

Moi, tu me mettras une goutte de lait, s'il te plaît.

Le narrateur disparaît. Le frère s'assoit, il prend une autre pomme qui dépasse du sac et tourne la queue du fruit jusqu'à ce que celle-ci casse. Le téléphone sonne.

LE FRERE

Troisième acte.

Il décroche.

LE FRERE

Humm… Marie, devine qui c'est ?

Marie entre, s'essuyant les mains.

LE FRERE

Pierre.

MARIE *(au téléphone)*

Allo ? Oui, je suis là… Ah, ils t'ont appelé? … Tu leur as dit? … Non, je ne reviens pas tout de suite… Oui, oui, je sais… Mon frère en a…

LE FRERE

Quoi ?

MARIE

(Au frère) De l'argent. ***(A Pierre)*** Non, je te dis. Je reste ici… Je sais… Mais j'irai te voir… Maintenant ? … Non… Je prends mon petit-déjeuner avec mon frère… Mais non, ce n'est pas lui qui m'a dit de venir… Ça ne m'étonne pas qu'il t'ait raconté ça… Écoute, je te rappelle… Oui, moi aussi.

LE FRERE

Qu'est-ce que tu fais encore avec ce type ?

MARIE

Mais… Qu'est-ce qui te prend ? Je croyais que tu l'aimais bien ?

LE FRERE

Moi, apprécier quelqu'un ?

MARIE

Pierre propose de m'héberger, le temps que tout rentre dans l'ordre.

LE FRERE

Bien sûr. Tout va rentrer dans l'ordre. Je ne suis ni assez courageux pour aller au bout, ni assez monstrueux pour laisser Maman dans ce pétrin.

MARIE

Quel pétrin ? Elle est amoureuse !

Silence.

MARIE

… Et moi aussi.

LE FRERE

Parfait.

LE NARRATEUR *(à Marie)*

Eh ! Vas-y doucement !

LE FRERE

Toi, ferme-la !

LE NARRATEUR

Et voilà.

MARIE

Tu gaspilles une énergie folle à te révolter contre tout. Tu ferais mieux de t'occuper de toi. Moi, tu sais que je t'aime mais tu sais bien aussi que cela ne suffit pas…

LE FRERE *(à bout)*

Je ne comprends pas ce que tu fais ici, Marie. Je ne comprends vraiment pas. Tu as tout pour t'entendre avec Maman et Bernard.

Il retire deux chemises et les livres du sac, le referme et le tend à Marie.

LE FRERE

Tiens, retourne avec eux. Même avec toi, il a réussi ce salopard. Je ne t'en veux pas. Tu es même la seule personne à qui je n'en voudrai jamais. Mais tire-toi. S'il te plaît.

MARIE *(prenant le sac)*

Tu m'as vexée. C'est pour ça que je… Tu sais combien Pierre compte… Il ne fallait pas dire…

LE FRERE

O.k, Marie, je regrette. N'en parlons plus. Merci pour les chemises et tout. Prends un café si tu veux, avant de partir, et téléphone à Pierre pour qu'il vienne te chercher à la gare.

MARIE

Non, mais… Tu comprends ?

LE FRERE

Très bien. Je comprends tout très bien. Comme dit le narrateur, il suffit parfois d'un rien pour devenir des étrangers… Ça n'a pas d'importance. Tout finit toujours par s'arranger, n'est-ce pas ?

Il sort, revient avec un bol rempli de café, une petite cuillère et des morceaux de sucre qu'il dépose sur la table.

LE FRERE

Je suis désolé, je n'ai pas de pain, pas de biscotte, rien pour accompagner.

MARIE

Tu sais bien que je m'en fiche.

Silence.

MARIE

Je… Je comprends… ce que tu éprouves…

LE FRERE

Avale ton café, Marie. Et si tu veux bien, arrête de parler aussi.

Marie le dévisage, avale son café en silence et ne bouge pas. Il lui tend une fois de plus son sac de voyage.

LE FRERE

Je t'aime, Marie, tu t'en souviendras ? Je t'aime très fort.

MARIE

Moi aussi.

LE FRERE

Tu n'as pas appelé Pierre ?

MARIE

Ah oui, tu es sûr… Je peux rester encore un peu, non ?

MARIE

Je ne préfère pas. Ils vont appeler, je leur dirai que tu es chez lui.

MARIE

Bon. Je le préviendrai à la gare, c'est mieux. ***(Souriante)*** On ne peut pas dire que je t'aurai beaucoup vu. Tu sais… Je peux…

LE FRERE

Je sais, tu peux. Allez, petite sœur, bon voyage. Je ne t'accompagne pas. Tu iras aussi vite à pieds. Et puis, j'ai horreur des adieux à la gare.

MARIE

Je t'appelle. Surtout, ne t'en fais pas pour cette histoire. Pense à toi. Prends surtout bien soin de toi.

Elle l'embrasse et sort. Le narrateur revient.

LE FRERE

Fallait bien que tu rappliques, toi. Je te laisse raconter la fin. Comme tu peux t'en douter, j'ai autre chose à faire. ***(Pause)*** Courageux ? Je le suis plus que tu ne le penses. A fortiori quand, dans l'air, il y a un sale goût de défi. Merci.

Il sort.

LE NARRATEUR

Vous raconter la fin, puff... Il a fallu qu'il dise tout dans sa dernière tirade. On me squeeze mon texte tant qu'on peut. Et ensuite, on me laisse. *(Pause)* Bon, je vais faire ce que je peux. Voilà. C'est un peu triste mais c'est toujours triste pour ceux qui demeurent à l'extérieur. Et puis, ce petit-là, je le connais depuis toujours, il a ça dans la peau. C'est malheureux à dire mais... Faut croire qu'il y a des destins. Et puis...Et puis, comme je le disais au début, c'est un garçon résolu. Il est même un peu borné entre nous soi dit. Tout le monde aura beaucoup de peine. Comme on a toujours beaucoup de peine dans ces cas-là. Tout le monde cherchera à expliquer. Ce n'est ni à cause de Bernard, ni à cause de la sœur qui fait sa vie, ni à cause de la mère qui depuis quelques temps l'a trahi sans s'en apercevoir. Je suis prêt à parier que... Depuis le début, il a ce fichu caractère. Je ne dis pas ça pour vous rassurer... Quand il était petit, il me racontait des choses effrayantes, comme par exemple qu'il attendait d'être grand pour... Ben voilà. C'est sûr qu'il faut des prétextes et il a tout fait pour en avoir. C'est vrai que, quand même, c'est un peu triste... De toute façon,

il n'aurait jamais été heureux. Un tempérament comme le sien, si ça ne disparaît pas, ça bousille la vie de son entourage. Il aurait peut-être pu attendre encore un peu… Mais après, il n'aurait plus osé… Et ça aurait été pire… Je sais, je ne trouve pas les mots… C'est que… Ça m'en fiche un coup, à moi aussi. Je suis quand même celui qui étais le plus proche. On s'habitue aux cris de révolte, aux élans passionnés. Dans le fond, il m'arrivait aussi de lui donner raison parfois… Et puis… Et puis, c'est vrai, il aurait peut-être été heureux avec quelques années de plus. Qu'est-ce que j'en sais après tout ? Je ne vais pas endosser cette responsabilité… Courageux… Courageux, tu parles d'un courage. Ici, c'est moi le poltron ! Je peux parler, moi, qui tremble de vous raconter tout ça, moi qui tremble d'être accusé.
Parce que ça va se terminer comme ça ! La petite était là, elle va tout raconter ! Elle va leur dire que c'est moi qui l'ai poussé…

Il se précipite dehors. Le frère entre.

LE FRERE ***(le regardant sortir)***

Tu as l'air malin !

FIN (Paris, 1992)

Paris…

ou

Tu ne l'emporteras pas au Paradis.

De Anne-Céline Auché

À Brigitte P.-N.

PERSONNAGES

JEUNE FILLE / PETITE FILLE

LA FEMME BLONDE / VIEILLE DAME

EXECUTIVE WOMAN

L'HOMME

LE MAÎTRE NAGEUR

L'HOMME COMPLET VESTON

MAMAN et son enfant

LA FILLE DU HUIT / FILLE AU CRÂNE BANDÉ

LE JEUNE HOMME À LA CONSTRUCTION CUBIQUE

LA FILLE AU REVOLVER

L'HOMME À LA BALLE / INFIRMIER

FEMME DE LA CABINE TÉLÉPHONIQUE

ACTE I

I

Une jeune fille frêle, avant-scène.

JEUNE FILLE

Un jour, la machine explosera. *(Silence.)* Mais quand?

II

Lumière très forte.

Une femme blonde, la trentaine, élégante dans sa robe d'été, est allongée dans un hamac. Une petite fille menue est assise par terre ; elle enfile des pépins de melon séchés sur un fil de nylon, cisaille le fil avec ses dents et tend le collier à la femme.

La femme blonde sourit ; elle caresse tendrement la tête de l'enfant.

LA FEMME BLONDE

Tu es ma petite Mère courage. *(Silence.)* La seule petite Mère courage qui ne m'abandonne pas.

III

Un bureau.

À gauche, derrière une large table de ministre sur laquelle sont alignés une multitude de téléphones qui retentissent, trône une "executive woman".

À droite, une petite table insignifiante, montée sur quatre pieds bancals, dépouillée – hormis un ridicule petit téléphone silencieux – et une chaise d'enfant.

Gauche, avant-scène, entre la jeune fille frêle. À la dérobée, elle jette un coup d'œil sur la femme qui ne relève pas la tête et, à pas de loups, rejoint son petit bureau derrière lequel elle s'assoit.

La femme est affairée, elle remue quantité de papiers, s'agite. La jeune fille est assise, silencieuse ; elle regarde la femme mais baisse fréquemment les yeux.

En silence, la femme compose un numéro ; aussitôt, le petit téléphone laisse échapper une sonnerie quasi-imperceptible. Presque honteuse, la jeune fille décroche.

VOIX OFF ***(impérieuse)***

Pourriez-vous, je vous prie, prendre ce dossier qui est sur mon bureau.

La jeune fille, toujours en ligne, acquiesce timidement et attend que celle-ci raccroche pour se lever maladroitement et saisir le dossier en question.

La femme ne prête aucune attention à la jeune fille et poursuit son travail.

La jeune fille revient à son bureau d'écolière, s'assoit et, sans même ouvrir le dossier, fixe la femme timidement.

IV

Pénombre.

Avant-scène, centre, un tapis roulant de gymnase.

La jeune fille court dessus. La scène est vide. Seule cette fille court, s'essouffle, court de plus belle et tombe.

Le tapis s'arrête de tourner. Elle reste là, inanimée.

V

Une rue.

La jeune fille marche. Elle s'arrête devant une cabine téléphonique ; attend son tour.

Un homme, grand, maigre, moustachu, attend lui aussi.

L'HOMME

N'êtes-vous jamais venue à l'Unesco ?

LA JEUNE FILLE *(redressant la tête)*

Où ça ?

L'HOMME

À l'une de mes conférences, à l'Unesco ?

LA JEUNE FILLE *(souriante)*

Ah, je regrette, ce n'est pas moi.

L'HOMME

C'est étrange, cette ressemblance… N'êtes-vous pas étudiante ?

LA JEUNE FILLE

Non.

Une personne libère la cabine téléphonique.

L'homme fait signe à la jeune fille de passer. Celle-ci le gratifie d'un sourire et entre.

Elle dépose son sac sur la tablette et, alors qu'elle cherche son calepin, regarde l'homme qui, soudain, s'éloigne.

VI

Lumière très forte.

La petite fille (scène II), assise à même le sable, en maillot de bain.

Elle renverse son seau rempli de sable et le tasse avec une petite pelle. Tout près, sur un transat, la femme blonde (scène II), légèrement maquillée, porte un maillot une pièce.

PETITE FILLE

Et alors, je lui ai dit : “Il s’appelle Merlet”. Et j’ai écrit son nom sur le tableau ; et elle a lu et elle m’a dit : “Mais non, pas Melet, Merlet!” Alors, c’est là que j’ai vu que j’écrivais toujours son nom “M.e.l.e.t”, à la place de “M.e.r.l.e.t”, alors qu’elle, du premier coup…

LA FEMME BLONDE *(la reprenant)*

Elle, en revanche…

PETITE FILLE

Elle, en revanche, elle avait tout de suite remarqué qu’il manquait…

LA FEMME BLONDE

As-tu pensé à dire à ton père que nous allions à la plage, ce matin ?

PETITE FILLE

Oui. Et tu sais, elle n’est pas meilleure que moi, à l’école. L’autre fois, il y avait une rédaction à faire et on a eu la même note. Tu sais de quoi elle a parlé, elle ?

LA FEMME BLONDE

Et que t’a-t-il répondu ?

PETITE FILLE

Qui ?

LA FEMME BLONDE

Ton père.

PETITE FILLE

Heu, rien, je crois. Je ne sais plus.

LA FEMME BLONDE ***(se redressant)***

Bon, allez, viens, on y va. Habille-toi.

La petite fille se lève, enfile une jupe courte et un tee-shirt tandis que sa mère se penche sur ses vêtements soigneusement pliés et passe un corsage.

PETITE FILLE ***(habillée)***

Elle est jolie, cette chemise.

LA FEMME BLONDE ***(souriant)***

Ah oui, tu trouves ?

PETITE FILLE

Oui, et j'aime bien te voir sourire aussi.

La femme blonde sourit davantage.

PETITE FILLE

Tu devrais toujours sourire.

LA FEMME BLONDE *(pensive)*

Avant, j'étais très gaie… *(Tendrement)* Tu es prête ?

Elles sortent, main dans la main.

VII

Le même bureau que précédemment.

L'executive woman, assise derrière son grand bureau, cette fois, inondé de fleurs.

Elle lit le journal.

Sur la petite table, des piles de dossiers, autour, par terre, partout.

Même imperceptible sonnerie.

La main de la jeune fille émerge de derrière la pile et décroche.

VOIX OFF ***(très suave)***

Allez, du courage.

VIII

Pénombre.

Sur scène, une bassine remplie d'eau, la jeune fille essaie de nager, de rester à la surface. Un maître-nageur, rigide, campé près de la bassine :

MAITRE NAGEUR

Un, deux, trois, quatre ; un, deux, trois, quatre.

La jeune fille, affolée, essaie de suivre le mouvement mais s'enfonce et boit la tasse. Elle tousse, s'étouffe, s'accroche au bord de la bassine et se redresse, toussant de plus belle.

Le maitre-nageur l'aide à sortir de l'eau tandis qu'elle est convulsionnée par sa quinte de toux. Une fois hors de la bassine, la jeune fille reprend péniblement sa respiration. Le maître-nageur lui recouvre les épaules avec une serviette.

MAITRE NAGEUR

C'est de l'asthme psychique, mademoiselle, rien à voir avec l'eau.

La jeune fille se remet violemment à tousser.

IX

La jeune fille, sur le perron d'une porte.

(Façade en carton).

Elle sonne.

Pas de réponse.

Une fenêtre s'ouvre au premier étage.

Apparaît le visage hirsute d'une vieille femme blonde.

VIEILLE DAME

Qu'est-ce que tu veux ?

JEUNE FILLE

Ah, tu es là !

VIEILLE DAME

Bien sûr que je suis là ! Où veux-tu que je sois ? Ce n'est pas avec l'argent qu'on veut bien me donner que je peux être ailleurs ! Mais tu verras, ils ne l'emporteront pas au paradis.

JEUNE FILLE

Tu descends m'ouvrir ?

VEILLE DAME

Tu as la clef ?

JEUNE FILLE

Non.

VEILLE DAME

Bien entendu ; tu n'as pas été fichue de leur demander la clef.

JEUNE FILLE

À qui ?

VIEILLE DAME

Oh, ne fais pas l'innocente, tu veux ! C'est ça que tu aimes, n'est-ce pas ? Me savoir séquestrée ! C'est plus commode pour tout le monde ! Mais je ne te laisserai pas ce plaisir, ma vieille ! Toi non plus, tu ne l'emporteras pas au paradis !

La vieille dame tire violemment les volets et disparaît.

La jeune fille, dépitée, s'assoit sur le perron.

Le même homme que précédemment, grand, maigre, moustachu, repasse dans la rue.

Il s'arrête, prêt à l'accoster.

JEUNE FILLE

Non. Ce n'est pas moi qui ai assisté à l'une de ses conférences, à l'Unesco.

L'HOMME

Où ça ?

JEUNE FILLE *(en monologue)*

Et je ne suis pas étudiante.

Silence.

JEUNE FILLE *(se levant)*

Et je vous emmerde.

L'homme la regarde s'éloigner.

X

La jeune fille, errant dans la rue.

Deux immenses panneaux publicitaires.

À gauche, un paysage exotique : "palmiers, sable blanc et soleil, tel est le paradis terrestre."

Un peu plus loin, un homme maquillé qui, s'adressant au passant, murmure : "Consulte-moi, je te dirai qui tu es."

La jeune fille s'arrête devant l'un et l'autre des panneaux ; elle se cogne à une jeune femme, brune, cheveux courts, qui pousse un landau.

JEUNE FILLE

Oh, pardon !

MAMAN *(très aimable)*

Il n'y a pas de mal.

Silence.

JEUNE FILLE *(regardant le landau)*

Quel âge a-t-elle ?

MAMAN

Dix-huit mois, aujourd'hui.

JEUNE FILLE *(observant la maman)*

Vous êtes heureuse, n'est-ce pas ?

MAMAN *(plaisantant)*

Il est vrai que ça a son charme.

JEUNE FILLE

Quelle chance elle a.

MAMAN

Oh, je ne sais pas qui de nous deux a le plus de chance…

JEUNE FILLE

C'est elle, sans aucun doute.

La maman attrape un sachet en plastique qui est rangé sous le landau, elle sort une chocolatine qu'elle donne à sa fille.

La petite fille s'en empare.

La maman dévisage la jeune fille.

MAMAN

Vous devriez aller vous reposer ; vous êtes livide.

JEUNE FILLE

Ne se repose pas qui veut.

MAMAN

Hum… *(souriant)* À votre âge, le seul fait de vivre pose problème. Par la suite, beaucoup oublient… C'est sans doute mieux ainsi. *(Désignant sa fille)* Elle frime avec sa chocolatine ! Elle se croit autonome !

Silence. La femme, absorbée dans ses pensées, détourne le regard.

JEUNE FILLE

Votre fille vient de jeter son pain au chocolat.

MAMAN

Premier acte de révolte… L'humanité se révolte désespérément contre tout. C'est dans son caractère.

Silence.

MAMAN

Croyez-vous que je devrais la gifler ?

JEUNE FILLE *(décontenancée)*

Non, pourquoi ?

MAMAN

Pour lui apprendre un peu à vivre.

JEUNE FILLE

Je ne saisis pas bien…

MAMAN

Naturellement. Personne ne peut imaginer les questions que se pose une mère avant d'être, à son tour, confrontée au problème. Tout est sujet à discussion. La gifler, ne rien lui dire, la gronder gentiment… Voilà un casse-tête que personne n'a définitivement résolu.

(Se reprenant) Cette enfant souffrira le martyre ; sa mère est incapable de prendre une décision. Plus tard, lorsqu'elle aura besoin qu'on lui oppose un non catégorique, elle aura, hélas, affaire à une autorité compréhensive, faible, hésitante… que pensera-t-elle ? Que je ne suis pas à la hauteur… ? Et elle aura raison. Il faut que je me dépêche d'apprendre, en même temps qu'elle grandit.

Silence.

MAMAN

Je ne sais pas pourquoi je vous raconte tout ça…

JEUNE FILLE

Moi non plus.

MAMAN

Peut-être parce qu'un jour ou l'autre, il faut bien se confier, parler à autrui de ses motivations profondes… Mais, en ce qui vous concerne, il est temps d'aller vous reposer. Même si cette idée vous déplaît, pardonnez-moi d'insister, vous en avez besoin.

La maman essuie la bouche de sa petite fille et s'éloigne. La jeune fille reste seule et regarde l'affiche de "Je te dirai qui tu es".

ACTE II

I

Le même bureau. Les deux tables égales, disposées de part et d'autre de la pièce. Au centre de la scène, la bassine.

L'executive woman prend un bain moussant. La jeune fille frêle entre, s'arrête net et éclate de rire.

JEUNE FILLE

Qu'est-ce qui vous prend ?

EXECUTIVE WOMAN *(souriant)*

Comme tu vois, je prends un bain.

JEUNE FILLE *(se rapprochant de la bassine)*

Et alors ?

EXECUTIVE WOMAN *(souriant de plus belle)*

Et alors, rien.

JEUNE FILLE

Mais, si on entre ?

EXECUTIVE WOMAN

Eh bien, qu'on entre.

JEUNE FILLE ***(sérieuse)***

Qu'est-ce qui se passe ?

EXECUTIVE WOMAN ***(sérieuse, à son tour)***

J'ai envie de me noyer.

JEUNE FILLE

Tuutttttt… Interdit.

EXECUTIVE WOMAN

C'est toi qui me l'interdis ?

La jeune fille, silencieuse, se dirige vers son bureau, ouvre un dossier ; elle semble chercher quelque chose.

JEUNE FILLE *(fouillant son bureau)*

Savez-vous ce que dit Buñuel ? “Les paranoïaques sont comme les poètes, ils naissent ainsi.”

Silence.

JEUNE FILLE *(abandonnant ses recherches)*

Je crois qu’il est temps que je parte.

EXECUTIVE WOMAN

Tu te trompes sur mon compte.

JEUNE FILLE

Toujours, je me trompe.

EXECUTIVE WOMAN *(attrapant une serviette et sortant de son bain)*

Reprenons. Avec qui ai-je rendez-vous ?

JEUNE FILLE

(s’emparant distraitement d’un agenda, posé sur le bureau de l’executive woman)

Avec un photographe…

EXECUTIVE WOMAN *(habillée)*

Ah oui. Tu peux t'en aller, si tu veux ; je n'ai rien à te donner, aujourd'hui. Mais demain : dix heures !

JEUNE FILLE *(acquiesçant)*

À demain.

Elle sort.

II

L'executive woman, assise derrière son bureau. L'homme de la cabine téléphonique, grand, maigre, moustachu, entre, un book sous le bras.

L'HOMME

Vous êtes…

EXECUTIVE WOMAN

Absolument. Et vous : le photographe. Par conséquent, nous pouvons commencer.

L'homme tire de sa serviette quelques ektas tandis que l'executive woman ouvre l'un de ses tiroirs, et installe un projecteur sur son bureau.

NOIR

Sur le mur, fond scène, projetés : ***visages cadavériques****.*

L'HOMME

Ceux-là manquent un peu de force, je les ai photographiés, le matin, ils venaient de se réveiller. Mais j'en ai d'autres qui…

Il passe à la photo suivante : ***un junky, une seringue enfoncée dans la tempe (voir "16 ans de photo-journalisme". Ed. Lunwerg)***

L'HOMME

Je vous montre d'abord celles qui sont les plus ordinaires mais vous allez voir ensuite…

Il passe à l'image suivante : un jeune homme, en l'air, alors qu'il vient de sauter de la fenêtre d'un immeuble.

L'HOMME

Je suis particulièrement fier de celle-ci : le type venait, à l'instant, d'apprendre qu'il avait le sida. Une chance que je le rencontre juste à ce moment-là.

Image suivante : ***un tableau de Miró "Portrait d'une princesse prussienne".***

L'HOMME

Celle-ci est moins exceptionnelle. La femme vient de prendre son ultime shoot. Une fois la photo prise, elle est, presqu'aussitôt, morte d'overdose.

Image suivante : ***"Le sourire de ma blonde" (Miró)***

L'HOMME

Dans la même série. Il s'agit toujours de la même femme, cette fois, achetant sa dose d'héroïne.

Images suivantes : ***Ben "Mourir, c'est facile"*** *et enfin,* ***Otto Dix "La journaliste".***

EXECUTIVE WOMAN *(rallumant la lumière)*

Bien. Bien… Je crois que cette fois, on s'égare du sujet. Ce sera suffisant pour aujourd'hui. *(Désignant les ektas)* Vous pouvez me les laisser ? J'aimerais les montrer au directeur artistique. *(Aimable)* Vous savez que je ne suis pas seule à prendre la décision.

L'HOMME *(mielleux)*

Bien sûr. Vous pouvez les garder tout le temps que vous voudrez. D'autant plus que je compte m'absenter une quinzaine de jours…

Il fouille nerveusement dans la poche intérieure de sa veste, et sort un agenda.

L'HOMME *(consultant son agenda)*

Je ne serai de retour que le vingt. Vous aurez donc tout le loisir de juger si mon travail peut vous être d'une quelconque utilité. Je ne vous cache pas que je souhaiterais… Ce serait un honneur d'être publié…

EXECUTIVE WOMAN *(se levant)*

Bien sûr… J'ai vos coordonnées, n'est-ce pas ? *(Elle cherche sur son bureau et, satisfaite, lui montre la carte de visite qu'elle vient de retrouver dans ses papiers.)*

Il acquièsce. L'executive woman lui tend brusquement la main, mal à l'aise.

EXECUTIVE WOMAN

Ravie de vous avoir rencontré.

III

Pénombre.

Composition originale de Xavi Tort (Myspace "Paradis", 2002).

Lumière droite : une fille marche, tête baissée, bras ballants, son mouvement décrit un huit sur le sol ; elle suit le même parcours inlassablement.

Lumière fond scène, centre : un jeune homme empile des cubes, les uns sur les autres. Au moment où il s'apprête, d'une main, à déposer le dernier, son autre main balaie la construction et il se voit contraint de recommencer son édifice.

Lumière gauche : une autre jeune fille à genoux, un revolver contre la tempe, tire, tire et tire, à vide. Près d'elle, un homme lui tend une balle. Mouvement très rythmé : l'homme, le bras tendu, lui présente la balle, la fille se détourne, opérant un quart de cercle ; l'homme se déplace et recommence le mouvement, la fille aussi.

Lumière, centre scène (tous sont éclairés) : la jeune fille frêle, debout, tourne sur elle-même, lentement ; elle se précipite à droite et tire par le bras la fille qui marche "en huit". Celle-ci, sans relever la tête, poursuit son mouvement.

La jeune fille frêle donne un coup de pied dans la construction cubique du jeune homme. Celui-ci ramasse les cubes éparpillés et répète son ouvrage.

La jeune fille frêle se dirige vers le couple et tente d'arracher le revolver des mains de la fille agenouillée. Après avoir opposé une vague résistance, la fille saisit la balle que lui tend l'homme, charge son revolver et menace la jeune fille frêle de son arme.

Silence.
Les deux autres interrompent leur mouvement et regardent. La jeune fille armée tire. La jeune fille frêle tombe.

IV

Mêmes bureaux que précédemment. Les deux tables égales. La jeune fille frêle est assise devant le bureau de l'executive woman, profil public, un bras dans le plâtre. Dans son dos, fond scène, projetées sur le mur : une photo de la jeune fille qui effectuait un huit – elle est assise, le crâne bandé – puis le jeune homme de la construction cubique, debout, menottes aux mains, et enfin l'homme qui tenait la balle, très digne, habillé en infirmier.

V

Lumière très forte.

Allongé sur un lit blanc, avant-scène centre, la jeune fille frêle tient son bras dans le plâtre, serré contre sa poitrine.

Entrent à la fois, par la droite, la femme blonde, un sac à main en bandoulière et, par la gauche, un homme complet veston, lunettes sur le nez. L'homme ne quitte pas le lit des yeux, la femme blonde ne quitte pas l'homme des yeux. Ils se postent tous les deux, d'un côté et de l'autre du lit. La jeune fille tente de relever la tête, les regarde tous les deux, effrayée. La femme blonde sort un couteau de son sac ; elle menace l'homme, par-dessus le lit. (Musique de corrida).

L'homme a donné sa main à la jeune fille frêle, il essaie d'esquiver les coups de couteau et, chaque fois qu'il y parvient, on entend "Olé !". Suite à quoi, la femme blonde brandit le couteau en l'air, d'un geste victorieux. La jeune fille redresse la tête, la femme menace l'homme de son couteau, l'homme esquive, "Olé !". Ainsi plusieurs fois.

Au cours du dernier mouvement, la femme menace plus violemment l'homme et celui-ci, pour parer le coup, interpose sa main et la main de la jeune fille entre lui et le couteau.

Silence.

Le couteau tombe par terre, la jeune fille se redresse, regarde sa main ensanglantée. L'homme s'enfuit. La femme blonde prend la jeune fille dans ses bras. Applaudissements.

ACTE III

I

Pénombre

Le même bureau que précédemment. Les deux tables égales. À droite, la jeune fille frêle, seule devant son bureau, un bras dans le plâtre et l'autre main bandée tape d'un doigt sur une machine à écrire. Deux minutes de silence. Applaudissements.

II

Même bureau.

L'executive woman est assise à sa place, faussement concentrée sur un dossier. La jeune fille entre, vêtue d'un long manteau, un sac de voyage à la main. À son arrivée, l'executive woman se lève. Les deux personnages restent un instant à se regarder. L'executive woman est douce, la jeune fille épanouie, débordante d'énergie. La jeune fille ose un geste, comme pour prendre la femme dans ses bras. L'executive woman recule.

EXECUTIVE WOMAN *(à voix basse)*

J'ai horreur des "au revoir".

JEUNE FILLE *(reculant jusqu'à la porte de sortie)*

Au revoir.

Depuis la porte, elle regarde l'executive woman qui s'est rassise et poursuit son travail.

JEUNE FILLE *(dans un souffle)*

Merci.

La jeune fille sort.

III

Même bureau.

L'executive woman, l'homme, le maître-nageur, la femme et son enfant, la femme blonde et l'homme complet veston sont réunis, assis, debout, adossés contre un mur... La jeune fille frêle est assise derrière son petit bureau (scène III. Acte I).

Un à un, chaque personnage commente. En fonction de la relation qu'il est censé tenir avec la jeune fille frêle, son intention sera différente.

Tous approuvent : *"Oui".*

IV

Même scène que précédemment; les acteurs sont placés différemment et, cette fois, ***désapprouvent*** *: "Non".*

V

Même scène : seules les places des acteurs ont encore varié.

EXECUTIVE WOMAN

Tant mieux.

L'HOMME

Et où travaillera-t-elle ? Où exactement ?

Silence.

MAMAN

Quelqu'un a son adresse ?

MAITRE NAGEUR

Traumatisme. Traumatisme psychique.

LA FEMME BLONDE

Je l'avais prévenue. Elle n'a jamais voulu m'écouter.

L'HOMME COMPLET VESTON

On verra bien…

VI

Noir. Seul un paquet de sucre, posé en extrême avant-scène est éclairé. Apparaît le maître-nageur, à quelques pas du paquet de sucre. Il se baisse pour le ramasser.

Éclairage fond scène : des étagères sur lesquelles sont alignées plusieurs rangées de paquets de sucre.

Le maître-nageur dépose son paquet parmi les autres. Il sort, revient avec un arrosoir et, méthodiquement, arrose tous les rayons. Il attend un instant, prend un paquet et revient extrême avant-scène.

Il ouvre le paquet et disperse le sucre humide sur le sol.

MAITRE NAGEUR

Bon, le sucre a pris l'eau, et alors ?

Il retourne à la "bibliothèque de sucre", se place fond scène, extrémité droite.

MAITRE NAGEUR (de loin, s'adressant au public)

Fond-il ?

VII

Scène vide.

Seule la table et la chaise de la jeune fille (tailles normales) sont à droite, au même emplacement que dans le bureau. La jeune fille est assise devant sa machine à écrire.

Elle regarde un instant dans la direction de l'ex-bureau de l'executive woman.

Des percussions ponctuent son jeu, d'abord doucement puis en crescendo.

La jeune fille tape une touche, regarde à gauche.

JEUNE FILLE

J'aurais voulu comprendre.

Elle frappe d'un doigt.

JEUNE FILLE

Mais peut-être n'y avait-il rien à comprendre ?

Elle tape.

JEUNE FILLE

"Être responsable…"

Elle tape tandis qu'on distingue nettement les percussions.

JEUNE FILLE

J'ai idéalisé.

Elle tape.

JEUNE FILLE

Vous me manquez.

Elle tape.

JEUNE FILLE

Où êtes-vous ?

Elle tape.

Silence.

Elle tape. Puis se lève et tourne le dos à la machine.

JEUNE FILLE ***(dos à la machine, désespérée)***

Jamais ? Jamais la machine n'explose ?

La jeune fille sort.

La machine à écrire est posée sur la table.

Silence.

Elle explose.

Fin (Barcelone, 08/07/1994)

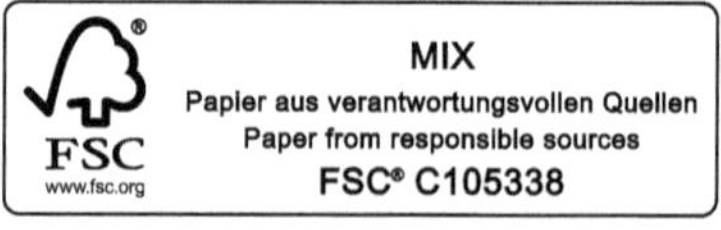

Printed by Books on Demand GmbH, Norderstedt / Germany